中医药与健康

普及读物

《中医药与健康普及读本》编写组 编著

山西出版传媒集团 山西科学技术出版社

前　言

中医药学是中华民族在长期与疾病斗争的过程中，不断摸索、实践、完善形成的一门医药科学，是优秀古代科学文化的重要组成部分。数千年来，中医药学为中华民族的生存与发展做出了重大贡献。传承好中医药学，就是守护好中国古代科学文化的瑰宝，也是掌握了打开中华文明宝库的一把钥匙。

党的十八大以来，以习近平同志为核心的党中央始终重视中医药事业的发展，为新时代中医药工作指明前进方向。习近平总书记指出，“中医药振兴发展迎来天时、地利、人和的大好时机”，希望广大中医药工作者“切实把中医药这一祖先留给我们的宝贵财富继承好、发展好、利用好，在建设健康中国、实现中国梦的伟大征程中谱写新的篇章”。2019 年 10 月，中共中央、国务院印发的《关于促进中医药传承创新发展的意见》指出，要“实施中医药文化传播行动，把中医药文化贯穿国民教育始终……使中医药成为群众促进健康的文化自觉”。国务院《中医药发展战略规划纲要 (2016—2030 年)》也指出，要“推动中医药进校园、进社区、进乡村、进家庭”。为响应党中央、国务院及习近平同志的号召，我们组织中医药专家编写了本书。

本书共分 6 个单元，包括名医趣事、中医基础、五脏六腑、绿色疗法、日常保健、节日健康等内容。每个单元 6 课，每课均由四部分组成，即读一读、学一学、想一想、身边的中草药。读一读，主要介绍与本课相关的趣味小故事；学一学，主要介绍本课需要掌握的中医药知识；想一想，即通过本课学习，向读者提出一些简单的问题；身边的中草药，帮助读者认识常见的中草药。

本书图文并茂、生动活泼、深入浅出、贴近生活。我们希望，通过阅读本书，读者能够对中医药文化有一个全面的认识，进而养成健康的行为方式和生活习惯。

传承精华，守正创新。相信中医药学一定会在青少年身上得到传承并发扬光大，也一定会继续为国人的健康做出贡献。

刘星

目 录

第一单元 名医趣事 1

第 1 课 扁鹊起死回生的故事 / 1
第 2 课 张仲景与坐堂医生的故事 / 3
第 3 课 华佗与麻沸散的故事 / 5
第 4 课 董奉与杏林的故事 / 7
第 5 课 孙思邈用葱管导尿的故事 / 9
第 6 课 李时珍与《本草纲目》的故事 / 11

第二单元 中医基础 13

第 1 课 阴阳学说 / 13
第 2 课 五行学说 / 15
第 3 课 中医四诊——望诊 / 17
第 4 课 中医四诊——闻诊 / 19
第 5 课 中医四诊——问诊 / 21
第 6 课 中医四诊——切诊 / 23

第三单元 五脏六腑 25

第 1 课 人体的五脏——心 / 25
第 2 课 人体的五脏——肝 / 27
第 3 课 人体的五脏——脾 / 29
第 4 课 人体的五脏——肺 / 31
第 5 课 人体的五脏——肾 / 33
第 6 课 人体的六腑 / 35

第四单元　绿色疗法　37

第 1 课　针刺疗法　/ 37
第 2 课　艾灸疗法　/ 39
第 3 课　拔罐疗法　/ 41
第 4 课　刮痧疗法　/ 43
第 5 课　捏脊疗法　/ 45
第 6 课　外贴疗法　/ 47

第五单元　日常保健　49

第 1 课　起居有常　/ 49
第 2 课　饮食有节　/ 51
第 3 课　保护眼睛　/ 53
第 4 课　增强体质　/ 55
第 5 课　穴位按摩　/ 57
第 6 课　中药茶饮　/ 59

第六单元　节日健康　61

第 1 课　清明踏青　/ 61
第 2 课　端午插艾　/ 63
第 3 课　重阳登高　/ 65
第 4 课　冬至御寒　/ 67
第 5 课　腊八喝粥　/ 69
第 6 课　春节有度　/ 71

第一单元　名医趣事

第 1 课　扁鹊起死回生的故事

读一读

春秋战国时期，有一位名医，人称扁鹊。有一次，扁鹊路过虢国，看见那里的百姓都很悲痛，一打听，才知道太子死了。太子的侍从告诉他，太子清晨鸡鸣时突然死去。

扁鹊问："已经掩埋了吗？"

侍从回答说："还没有，他死了还不过半日哩！"

扁鹊请求进去看看，并说："太子也许还有生还的希望。"

虽然侍从不相信，但还是半信半疑地将话转告给了国君。国君十分诧异，忙把扁鹊迎进宫中，痛哭流涕地对扁鹊说："久闻你医术高明，今日才有幸相见，可惜我的儿子已经死了。"

扁鹊一面安慰国君，一面让徒弟磨制石针，针刺太子头顶的百会穴。一会儿，太子竟渐渐苏醒过来。扁鹊又让弟子用艾炷灸病人的两胁，太子便能慢慢地坐起来了。经过中药的进一步调理，几天后太子就康复了。

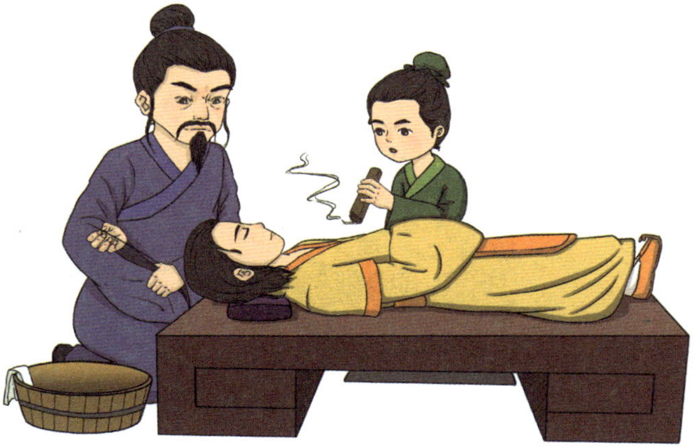

这件事很快就在民间传开了。扁鹊走到哪里，哪里就有人说："他就是使死人复活的医生！"

学一学

起死回生：使死人复活，多形容医术或技术高明，也比喻把处于毁灭境地的事物挽救过来。

人们常用“起死回生”这个词来形容医生的高超技艺。有些病人有时为了感谢医生治好了自己的病，为医生送上一块“扁鹊再世”的牌匾，也是颂扬医生的医术高超。

扁鹊（公元前407—公元前310年），原名秦越人，号卢医，春秋战国时期医学家。其医术超群，善于运用切诊和望诊来诊断疾病，擅长应用针灸、按摩、中药、热熨等法治疗内、外、妇、儿、五官等科疾病，被尊为医祖。

想一想

成语“起死回生”的含义是什么？

身边的中草药

艾叶

艾植物

艾叶药材

【药材来源】本品为菊科植物艾的干燥叶。

【功能主治】温经止血，散寒止痛。用于吐血、衄血、崩漏、月经过多、胎漏下血、少腹冷痛、经寒不调、宫冷不孕。

第2课 张仲景与坐堂医生的故事

读一读

张仲景是一位伟大的医学家，被世人尊称为“医圣”。

张仲景自幼聪颖，博览群书，勤奋好学。他生活在动乱的东汉末年，那时候，连年混战，民不聊生，各地连续暴发瘟疫。他的家乡疫情更加严重，可以说“家家有僵尸之痛，室室有号泣之哀”，他的家族中有一多半人死于瘟疫。于是，他努力研究医学，立志做一个能解除人民疾苦的医生。

张仲景做了长沙的太守后，由于政务繁忙，不能走村串户地为患病的百姓治病，心中十分不安。为了解除百姓的疾苦，他打破陈规陋习，一边在大堂上办公，一边在大堂上为百姓看病，并且在每一个处方上都落款“坐堂医生张仲景”。

后人为了效仿张仲景，便把在中药店行医的中医称为“坐堂医生”，而中药店的店名也多称为“堂”。比如同仁堂、同济堂、大宁堂等。

学一学

张仲景［约（150—154）年—约（215—219）年］，名机，字仲景，东汉末年著名医学家。

张仲景不仅医术超群，具有丰富的临床经验，而且虚心学习，不断吸取他人的先进经验和医方，终于写出了传世巨著《伤寒杂病论》（后人分为《伤寒论》与《金匮要略》）。《伤寒杂病论》是中国第一部从理论到实践、确立辨证论治法则的医学专著，是中国医学史上影响巨大的著作之一，是后学者研习中医必备的经典著作。

想一想

1. 哪位古代医家被后人尊称为“医圣”？
2. 张仲景的哪部著作被后人奉为中医的四大经典之一？

身边的中草药

薄荷

薄荷植物

薄荷药材

【药材来源】本品为唇形科薄荷属植物薄荷的干燥地上部分。

【功能主治】宣散风热，清利头目，透疹。用于风热感冒、风温初期、头痛、目赤、喉痹、口疮、风疹、麻疹、胸胁胀闷。

第3课 华佗与麻沸散的故事

读一读

东汉末年，名医华佗给病人开刀做手术的时候，病人常常痛得昏过去，他总想用一种什么药，能让病人不这样痛苦。

一天，一个妇女带着孩子来看病，说孩子吃了一种不知名的野菜根就舌头发麻，不能说话了。华佗觉得奇怪，就想试一试，也捡来吃一口，顿时舌头发麻，失去知觉，原来这个草能起麻醉作用。华佗便把这个草命名为麻药草，并在开刀时使用。可惜麻药草的麻醉时间太短了。

有一天，华佗上山采药，见猎人抬只死老虎下山，虎嘴里穿了一支箭，他问猎人，虎嘴上的箭是怎么回事。猎人说，那箭头有麻醉药，先把老虎麻醉了，然后再上前动手打虎。

这种麻药既然能把老虎麻醉倒，那么做手术时一定可以作为麻醉药使用。他请教猎人，猎人开始不愿讲，后来听说华佗是为治病救人，才讲出这种麻药的秘方，原来是用曼陀罗种子、草乌、天南星等药配制而成。华佗把这几味药和酒拌成散剂，经过多次试验，终于创制出了一种理想的麻醉剂，取名麻沸散。

学一学

华佗（约 145 — 208 年），字元化，东汉末年著名的医学家。华佗医术全面，尤其擅长外科，精于手术，并精通内、妇、儿、针灸各科。

华佗被后人称为“外科圣手”“外科鼻祖”，后人多用“神医华佗”称呼他，又以“华佗再世”称誉有杰出医术的医师。

想一想

1. 麻沸散由哪几种药物组成？
2. 哪位古代名医擅长外科，精于手术？

身边的中草药

芍药

芍药植物

芍药药材

【药材来源】本品为毛茛科芍药属植物芍药的干燥根。

【功能主治】平肝止痛，养血调经，敛阴止汗。用于头痛、眩晕、胁痛、腹痛、四肢挛痛、血虚萎黄、月经不调、自汗、盗汗。

第 4 课　董奉与杏林的故事

读一读

三国时期，有一位很有名的医生叫董奉。董奉医术高超，热心为周围百姓看病。乡下的老百姓生活贫困，很多人没钱买药治病，董奉看病时就不收取钱物。他只要求，治好一个重病患者，病愈者栽种5棵杏树；治愈一个轻病患者，病愈者栽种一棵杏树。天长日久，在他的房前屋后，栽种下数万株杏树。

杏树长大后，到了成熟的季节，枝头硕果累累，董奉又用杏换来粮食，赈济周围的穷苦百姓，受其恩惠的百姓多达万人。董奉的高超医术和行医济世的高尚品德，赢得了百姓的普遍赞誉和敬仰。

后来，人们为了纪念董奉，便用“杏林”一词赞美中医，“杏林”便成为医家的专用名词。百姓喜欢用“杏林春暖”“誉满杏林”“杏林妙手”这类的词语来赞美像董奉这样医术精湛、医德高尚的医生。

学一学

“杏林”已成为中华传统医学的代名词，自古医家以位列“杏林中人”为荣，医著以“杏林医案”为藏，医技以“杏林圣手”“杏林妙手”为赞，医德以“杏林春暖”为誉。

董奉（220—280年），又名董平，字君异，三国时期名医。由于董奉的医术高明，人们把董奉与建安时期谯郡的华佗、南阳的张仲景并称为“建安三神医”。

想一想

你的家乡有哪位医生可以称之为“杏林妙手”？

身边的中草药

板蓝根

菘蓝植物

板蓝根药材

【药材来源】本品为十字花科植物菘蓝的干燥根。

【功能主治】清热解毒，凉血利咽。用于治疗瘟疫时毒、发热咽痛、温毒发斑、痄腮、烂喉痧、大头瘟疫、丹毒、痈肿。

第5课 孙思邈用葱管导尿的故事

读一读

孙思邈是我国隋唐时期伟大的医学家。一次，有一位病人，因为尿不出尿来，非常痛苦。

病人找到孙思邈，哀求道：“大夫，您快救救我吧，我肚子胀得非常难受，都要胀破了。”

孙思邈很同情这个病人，努力寻找解决的办法。

正当他为难之时，无意间看见邻居家的孩子拿着一根葱管吹着玩。

孙思邈眼前一亮，自言自语道：“有了，葱管细软而中空，这不正符合导尿的要求吗？我不妨用它来试试吧。”

于是，孙思邈找来一根细葱管，切下尖头，小心翼翼地插入病人的尿道，果然，病人的尿液从葱管里缓缓流出来了。

等到尿液流得差不多了，孙思邈便将葱管拔出来，病人立即感觉舒服多了，直起身来，连连道谢。

孙思邈用葱管当导尿管，比现代医学导尿术的出现要早一千多年，孙思邈真可谓世界上第一个发明导尿术的人。

学一学

导尿术，是目前临床上相对比较成熟，也是应用比较广泛的技术之一，主要用于各种原因导致的尿潴留、留尿做细菌培养、测定残余尿量。

孙思邈 (541 — 682 年)，隋唐时期伟大的医药学家，被后人尊称为“药王”。孙思邈不仅擅长治疗内科疾病，而且擅长治疗妇、儿、外、五官等科疾病。他是世界上第一位发明导尿术的人。

想一想

1. 药王是指哪位医家？
2. 谁是世界上第一位发明导尿术的人？

身边的中草药

苍术

北苍术植物

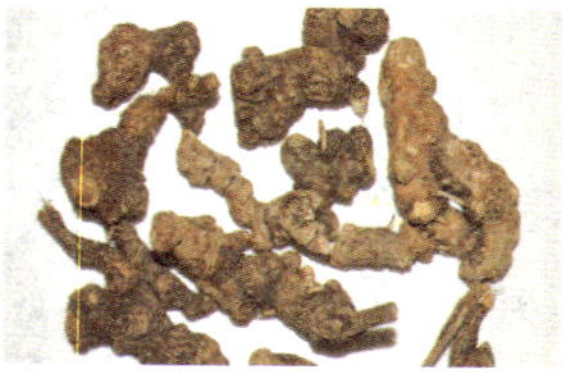

苍术药材

【药材来源】本品为菊科苍术属植物茅苍术或北苍术的干燥根茎。

【功能主治】燥湿健脾，祛风散寒，明目。用于脘腹胀满、泄泻、水肿、脚气痿躄、风湿痹痛、风寒感冒、夜盲。

第6课　李时珍与《本草纲目》的故事

读一读

李时珍出身于医药世家。他24岁开始学医，白天跟父亲去看病，晚上在油灯下熟读《内经》《伤寒论》《脉经》《神农本草经》等古典医学著作。他发现古代的本草书中存在不少问题，比如，生姜应列菜部，古代的本草书列入草部；更严重的是将有毒的钩藤当作补益的黄精，等等。李时珍认为古代本草书上那么多的错误，主要是由于对药物缺乏实地调查的结果，尤其随着文化交流的频繁，好多药物不断地增加，但均未载入本草书。李时珍就下决心对古本草书进行修改和补充。

为了修改和补充本草书，李时珍辞去了太医院的职务，带着徒弟和儿子，走出家门，深入山间田野，实地对照，辨认药物，那些种田的、捕鱼的、打柴的、狩猎的、采矿的，无不是他的朋友和老师，为他提供了书本上不曾有过的丰富药物知识。他的足迹遍及大江南北，行程达两万余里。

经过27年的努力，李时珍才完成《本草纲目》初稿，接着又进行了3次修改和完善。李时珍逝世后的第3年，《本草纲目》才在金陵（今南京）正式刊行。

学一学

李时珍（1518—1593 年），号濒湖山人，明代著名的医药学家。他历时 27 年，写成了《本草纲目》一书。这部旷世名著有 190 多万字，书中编入药物 1 892 种，其中新增药物 374 种，并附有药方 11 096 首，插图 1 160 幅，规模之大，超过了过去的任何一部本草学著述。《本草纲目》综合了植物学、动物学、矿物学、化学、天文学、气象学等许多领域的科学知识。它那极为系统而严谨的编排体例、大胆纠正前人漏误的确凿证据，以及继承中有发扬的科学态度，都令人赞叹不已。可以毫不夸张地说，《本草纲目》是我国药学史上的重要里程碑。

想一想

《本草纲目》介绍了多少种药物？

身边的中草药

柴胡

柴胡植物

柴胡药材

【药材来源】本品为伞形科柴胡属植物柴胡或狭叶柴胡的干燥根。

【功能主治】和解表里，疏肝升阳。用于感冒发热、寒热往来、胸胁胀痛、月经不调、子宫脱垂、脱肛。

第二单元　中医基础

第 1 课　阴阳学说

读一读

生活中我们通常会说男性阳刚、女性阴柔等，那么，怎么区分阴阳呢？下面让我们一起从盘古开天辟地的传说来认识阴阳。

很久很久以前，天和地还没有分开，宇宙混沌一片。有个叫盘古的巨人，在这混沌之中，一直睡了一万八千年。

有一天，盘古突然醒了，他见周围一片漆黑，就抡起大斧头，朝眼前的黑暗猛劈过去，只听一声巨响，混沌一片的东西渐渐分开了，轻而清的东西，缓缓上升，变成了天；重而浊的东西，慢慢下降，变成了地。

后来，人们便把混沌一团的情形用太极来表示，劈开后的地、天用阴、阳来表示，这描述的正是“太极生两仪”的情形，而地和天正是阴和阳最原始的模型。

学一学

阴阳学说是我国古代劳动人民创造的朴素的辩证唯物的哲学思想。自然界任何事物或现象都可以用阴阳来划分，凡是运动着的、外向的、上升的、温热的、明亮的都属于阳；凡是相对静止的、内守的、下降的、寒冷的、晦暗的都属于阴。比如：白昼明亮为阳，黑夜晦暗为阴；以水火而言，火属阳，水属阴；以男女而言，男为阳，女为阴，等等。阴阳既相互对立，又相互依存，二者相互影响、相互作用。宇宙间一切变化都来源于阴阳的作用。

阳

阴

阳

阴

将阴阳学说运用到医学上，就是以自然界运动变化的事物和规律来探讨人体的生理功能和病理变化，从而说明人体的机能活动、组织结构及其相互关系。

想一想

结合身边的实际，想一想哪些事物的性质属阴，哪些属阳？

身边的中草药

丹参

丹参植物

丹参药材

【药材来源】本品为唇形科植物丹参的干燥根及根茎。

【功能主治】活血化瘀，通经止痛，清心除烦，凉血消痈。用于胸痹心痛、脘腹胁痛、癥瘕积聚、热痹疼痛、心烦不眠、月经不调、痛经经闭、疮疡肿痛。

第2课　五行学说

读一读

古时候，人们做饭时首先要找来树枝，接着再去找水，把水和食材放进锅里，然后把锅放在灶台上，在灶台下面把树枝点着生火，熊熊火焰把上面的铁锅加热，煮熟锅里的食材，不一会儿，浓浓的饭香就会从锅里飘出来，这就是食物最原始的香味。这个过程也涵盖了人们生活中必需的5种材质：木、火、土、金、水。我们的祖先用最简单的木、火、土、金、水5种材质来分析万千世界，于是就有了“五行”。随着时间的推移，不断演化，就变成了现在的五行学说。

学一学

聪明的人类发现，在生活中木头点着可以生火；火把木头烧成灰烬，灰烬撒到地上可以化作泥土；大地的泥土里能找到锻造锅和菜刀的金属；金属熔化了变成像水流一样的液体；给树木浇水，树木就会长大。总结起来就是木生火、火生土、土生金、金生水、水生木，传承到现在就成为了五行相生学说。

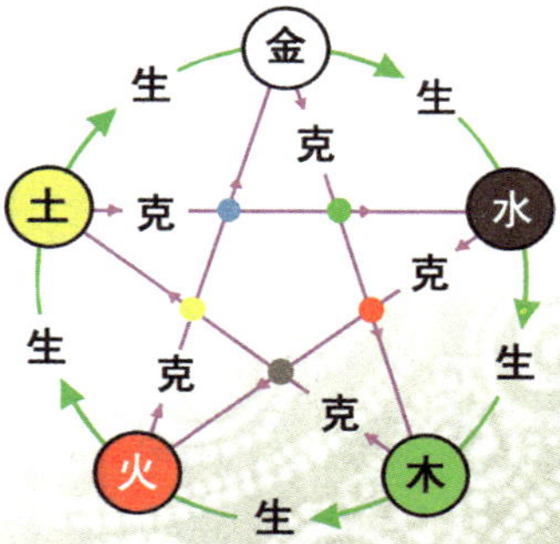

祖先们还发现，树木扎根泥土，就可以把泥土牢牢抓住；成堆的泥土能截断河流；大水可以浇灭火苗；火燃烧得厉害了，可以熔化金属成液体的状态；锋利的斧头能斩断树干。总结起来就是木克土、土克水、水克火、火克金、金克木，传承到现在就成为了五行相克学说。

祖国医学用五行学说来解释人体生理、病理及疾病的病因、病机等。

想一想

1. 你知道五行包括哪 5 种?
2. 五行相生、相克的规律是什么?

身边的中草药

党参

党参植物

党参药材

【药材来源】本品为桔梗科党参属植物党参、素花党参或川党参的干燥根。

【功能主治】健脾补肺，益气生津。用于脾胃虚弱、气血两亏之食少便溏、四肢乏力、肺虚喘咳、气短自汗等。

第3课　中医四诊——望诊

读一读

有一次，扁鹊路过齐国都城，见到了齐国的国君齐桓侯。扁鹊看桓侯的气色不好，就断定桓侯生病了，便直言不讳地对桓侯说："你有病在肤表，如不及时治疗，就会加重。"桓侯听了不以为然，说："我没病。"扁鹊见他不听劝告就走了。这时，桓侯对左右的人说："凡是医生都是贪图名利的。他们没有本事，就把没有病的人当有病的来治，以显示本领，窃取功利。"

过了5天，扁鹊又来见桓侯，做了一番观察之后，对桓侯说："你的病到了血脉，不治会加重的。"桓侯听了很不高兴，根本没有把扁鹊的话放在心上。

再过5天，扁鹊又来见桓侯，经过细致的观察，严肃地对他说："你的病已进入肠胃之间，再不治，就没救了！"桓侯听了很生气，当然也没有理睬扁鹊的话。

等到扁鹊第四次来见桓侯，他只瞥了一眼，就慌忙跑开了。桓侯发觉扁鹊不理睬自己，就派人询问。扁鹊说："病在肤表，用热敷可以治好；病进入血脉，用针灸可以治好；病到了肠胃，用汤药能治愈。如今桓侯的病已经深入骨髓，再也没法治了，我只好躲开。"

又过了5天，桓侯果然病重，派人请扁鹊来治，扁鹊早已逃离齐国，而桓侯因误了治病时机，不久也就死了。

学一学

望诊是中医四大诊断手段之一。望诊是医生通过观察病人的皮肤、面色、眼睛、舌苔、体态等来了解疾病、诊断疾病的方法。扁鹊善于运用四诊，尤其是望诊来诊断疾病。通过观察齐桓侯的气色，扁鹊便可以断定齐桓侯得病了，而且通过细致的观察还可以判断疾病的进展，这是很了不起的。所以，东汉著名的医学家张仲景赞不绝口地说："余每览越人入虢之诊，望齐侯之色，未尝不慨然叹其才秀也。"

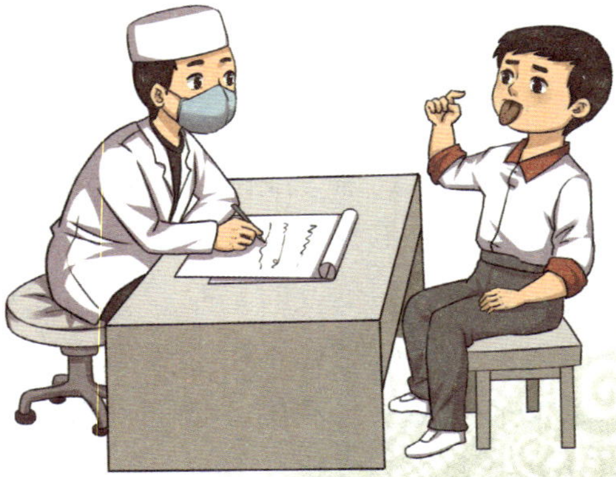

想一想

朋友，通过今天的学习，你知道此文中扁鹊是运用中医的什么诊断方法诊断疾病的吗？

身边的中草药

地肤子

地肤植物

地肤子药材

【药材来源】本品为藜科植物地肤的果实。

【功能主治】清热利湿，祛风止痒。用于小便涩痛、阴痒带下、风疹、湿疹、皮肤瘙痒。

第 4 课　中医四诊——闻诊

读一读

唐朝开元年间，吴越一带有一位名医叫周广，据说他只凭察颜观色，闻人笑语言谈，便可知道一个人有病无病，病轻病重，而且剖析精确详细，根本用不着诊脉查候。

唐玄宗听说周广的大名以后，便派人将周广请至京城，并令人从后宫找来一个有病的宫女，想检验一下周广望诊、闻诊的技术是否真像传说的那么高明。

周广连续观察了这位宫女两天，发现她每天太阳西斜的时候，又哭又笑，又唱又闹，好像患了魔怔似的，而且脚不能着地。周广对玄宗说，这位宫女大概是因为吃得太饱，又被突然到来的外力所撞击，摔倒在地，因而致病。说罢，周广为这位宫女开了一剂云母汤，并令其服药后回屋好好地睡一大觉。等到宫女睡醒之后，折磨了她多年的疾病消失得无影无踪。

唐玄宗问这位宫女："你的病是怎么得的？"宫女回答说："上次宫里给大华公主庆祝诞辰，举行盛大的歌舞演出。我是独唱者，我怕到时候唱不好，听说炖蹄羹能使嗓音清脆，我便饱饱地吃了一顿。演唱完毕以后，我觉得胸中又憋又热，便走出大殿，想在阴凉处歇息一会儿。由于一时高兴，没有看清台阶，我便顺着台阶两侧的斜台滑了下来。谁知道滑了不到一半，另一个宫女和我开玩笑，也学着我的样子从上面往下滑，我被她从身后一撞，由台阶摔到地上，过了好长时间才苏醒过来。醒来后就得了这个又癫又狂而且脚不能着地的怪病。"

玄宗听罢，大为惊异，这才相信周广高超的医术果然是名不虚传。

学一学

闻诊是中医四大诊断手段之一。闻诊是医生利用听觉和嗅觉，通过病人发出的声音和体内发出的各种气味来推断疾病的方法，包括听病人说话的声音，以及呼吸、咳嗽、呕吐等声音；闻病人的体味、口臭、痰涕、大小便发出的气味等。故事中的这位医生就是通过闻听宫女发出的声音，再观察她发病时的体态表现来诊疗的。

想一想

朋友，通过今天的学习，你知道这位医生是运用中医的什么诊断方法诊断疾病的吗？

身边的中草药

地骨皮

枸杞植物

地骨皮药材

【药材来源】为茄科植物枸杞或宁夏枸杞的干燥根皮。

【功能主治】凉血除蒸，清肺降火。用于阴虚潮热、骨蒸盗汗、肺热咳嗽、咯血、衄血、内热消渴。

第5课　中医四诊——问诊

读一读

南宋时期，有一个叫杨立之的人，罢职后回到故乡楚州。不久，喉舌间长了一个痈疖。痈疖肿胀破溃以后，淌血流脓不止，以至连睡觉、吃饭都妨碍了。许多医生对此束手无策，只好眼睁睁地瞧着这位杨立之大人一天天消瘦下去。

恰巧当时的名医杨吉老受楚州太守的邀请前来作客。杨立之派自己的两个儿子恭请杨吉老来为自己诊治。杨吉老让杨立之张开口，仔细审视了许久。然后把杨立之的两个儿子叫到另一间房子，详细地询问杨立之饮食、起居的习惯和嗜好。当杨立之的两个儿子说到父亲特别爱吃鹧鸪肉的时候，杨吉老一拍桌子，大声说："我知道你父亲得病的原因了！"并吩咐病人先煎服一斤（500克）姜片，然后再喝他开的汤药，保证药到病除。杨立之按杨吉老的吩咐先服姜片汤，再服汤药，果然药到病除。

事后，杨立之亲自登门去向杨吉老道谢，并请教治病的道理。杨吉老说："起先我也诊断不清楚你患的是什么病，当从问诊中得知你爱吃鹧鸪的时候，我突然想起鹧鸪最爱吃半夏，吃鹧鸪肉多的人，常常出现半夏中毒，你喉舌间的痈疖就是半夏中毒引起的。因此，我先让你服食姜片，以解半夏之毒，再让你服用我开的汤药，以疗痈疖破溃。"

学一学

大家是不是觉得这个医生很神奇呢？他只是询问了患者饮食、起居的习惯和嗜好，就知道患者得了什么病。

原来，医生通过询问，了解到患者发病前有爱吃鹧鸪肉的喜好，进而判断出患者是半夏中毒所致，生姜可解半夏毒，所以药到病除。

医生通过询问，进而了解疾病、诊断疾病的方法就是问诊。

想一想

朋友，通过今天的学习，你知道这位医生是运用中医的什么诊断方法诊断疾病的吗？

身边的中草药

重齿毛当归植物

独活

独活药材

【药材来源】本品为伞形科植物重齿毛当归的干燥根。

【功能主治】祛风除湿，通痹止痛。用于风寒湿痹、腰膝疼痛、少阴伏风头痛。

第 6 课　中医四诊——切诊

读一读

晋代有一位名医叫王叔和。有一次，王叔和在大街上行走时，正巧看到几个人抬着一口棺材匆匆走过，后面还跟着几个送葬的人，情景十分凄凉。突然，王叔和看到棺材经过的路面上有几滴新鲜的血迹。赶上去一看，棺材缝隙处还在向外滴血。王叔和大喊："那出殡的，如何将活人往外抬？"王叔和见没人理会，便又嚷道："棺里是活人，棺里人没死！"出殡的队伍乱了套，几个后生以为他有意刁难，扯住他就要打。这时，走上来一位中年男子，棺里是他年轻的妻子。妻子年仅 28 岁，因生产时血崩而亡。按照当地风俗，年轻女人死于流血被视为血光之灾，为不连累家人、街坊，须及早入殓安葬。王叔和对男子说："我从棺材缝隙中看到有血流出，不像死人的血。我是个医生，你把棺材停下来，叫我看看死者，或许还能把人抢救过来呢！"这男子中年丧妻，无限悲伤，听王叔和一说心中也十分疑惑，愿意开棺验尸。此言一出，几个愣小子一拥上前，"嘎吱"一声就把棺盖撬开了。王叔和一看，棺材里的妇女脸色蜡黄，没有一点血色，样子与死人无二。他再伸手摸脉，脉象十分微弱，不仔细切脉是察觉不到的。王叔和很快取出银针，给患者扎了几针，又从药包里取出一点药，给患者灌下。不一会儿，患者便呻吟着睁开了双目。又经几日调理，患者便行动自如了。

学一学

切诊，包括脉诊和按诊两部分。脉诊，俗称“号脉”，是医生运用手指切按患者的脉搏，以了解病情、判断病证的诊察方法。按诊，即医生运用手指对病体的肌肤、手足、胸腹及其他部位进行触摸按压，以了解病情、判断病证的诊察方法。

王叔和（201 — 280 年），名熙，晋代高平（今山西高平，一说为今山东巨野）人。为当时的太医令。王叔和对中医学的发展做出了两大重要贡献：一是整理《伤寒论》，将《伤寒杂病论》析为《伤寒论》与《金匮要略》，使之不被湮没；一是著述《脉经》，系我国现存最早的脉诊专著。

想一想

朋友，通过今天的学习，你知道我国现存最早的脉诊专著是哪部书吗？这部书的作者是谁？

身边的中草药

防风植物

防风

防风药材

【药材来源】本品为伞形科植物防风的干燥根。

【功能主治】解表祛风，胜湿止痉。用于感冒头痛、风湿痹痛、风疹瘙痒、破伤风。

第三单元 五脏六腑

第 1 课 人体的五脏——心

读一读

《范进中举》中的主人公叫范进。范进原先是个穷书生，为了考取功名，他一生苦读，但考了很多次都没有成功，考到 50 多岁时才考中了秀才。街坊邻居常常讥笑他。他的岳父是个屠夫，也经常羞辱他，说考官是因为看见他年老才让他考过。范进每次听到岳父骂他，都吓得不敢正眼看岳父的脸。后来他要去赴考，去找他老岳父借钱，他岳父不但不给，还骂他长得尖嘴猴腮。可功夫不负有心人，没想到，他真的就考中了举人。他高兴得像疯子一样，满大街大喊大叫："我中了，我中了。"不得停歇。人们出主意说，范进最怕的就是他岳父，要他岳父去打他一下，说不定能将范进拍醒。后来他岳父就狠狠地抽了他一耳光，他果真清醒了。

学一学

心，位于胸中，是人体的五脏之一。心的主要生理功能是推动血液在血脉中运行，使血液流注全身，发挥营养和滋润的作用，以及主宰人体脏腑、组织、器官的生理活动和人体精神、意识、思维活动的作用。

中医认为，“喜伤心”，即过度惊喜会使心的功能受损，范进就是大喜伤心的典型例子。

想一想

你还知道哪些“喜伤心”的例子？

身边的中草药

甘草

甘草植物

甘草药材

【药材来源】豆科植物甘草、胀果甘草或光果甘草的干燥根和根茎。

【功能主治】补脾益气，清热解毒，祛痰止咳，缓急止痛，调和诸药。用于脾胃虚弱，倦怠乏力，心悸气短，咳嗽痰多，脘腹、四肢挛急疼痛，痈肿疮毒，缓解药物毒性、烈性。

第 2 课　人体的五脏——肝

读一读

南宋时期，有一个大将，叫牛皋。当时，金朝也有一个大将，叫金兀术。他们两个人是死对头。传说有一天牛皋和金兀术在战场上碰到了。仇人相见，分外眼红。金兀术骑马挥斧杀了过来，要取牛皋的性命，牛皋毫不示弱，举双锏猛烈迎击。两人你来我往，不知打了多少个回合，打到后来两人同时落马。落马以后，两人纠缠在地上继续撕打，最后牛皋把金兀术控制在自己的胯下不能动弹……这两人打了几十年仗，一直都想着将对方置于死地，没想到今天牛皋骑在了金兀术身上。胯下之辱，是可忍，孰不可忍，金兀术越想越气，结果活活被气死了。牛皋看到金兀术气死在自己的胯下，禁不住哈哈大笑，结果也倒了下去！

学一学

肝，位于腹腔，横膈之下，右肋之内。肝的主要生理功能是主疏泄和藏血，即肝具有保持全身气机疏通、畅达、散而不郁的作用及贮藏血液、调节血量、防止出血的功能。

中医认为，“怒伤肝”。生活中，有的人遇到不顺心的事，爱生气发脾气，最容易损伤肝脏。我们形容一个人生气就说此人“大动肝火”。肝病易使人发怒，发怒又容易损伤肝脏，暴怒则会使人气血上涌，严重者吐血而死，《三国演义》中，周瑜就是被诸葛亮气死的。

想一想

1. 我们平常生气时损伤的是哪个脏器？

2. 回忆一下最让你感到生气的一件事。通过本课的学习，谈谈你今后遇到生气的事情应该怎么做才能不损伤肝脏呢？

身边的中草药

葛根

野葛植物

葛根药材

【**药材来源**】本品为豆科葛属植物野葛的干燥根。

【**功能主治**】解肌退热，生津止渴，透疹，升阳止泻，通经活络，解酒毒。用于外感发热头痛、项背强痛、口渴、消渴、麻疹不透、热痢、泄泻、眩晕头痛、中风偏瘫、胸痹心痛、酒毒伤中。

第3课 人体的五脏——脾

读一读

《续名医类案》中讲述了一则故事。有一位女子，从小受到母亲的呵护，母女之间的感情十分深厚。女子长大后远嫁他乡，与母亲分离，本就十分思念母亲，突闻母亲病故，所以十分悲痛。思念不已，便日久成疾。此女终日郁郁寡欢，精神萎靡，倦怠嗜卧，不思饮食。夜间似睡非睡，嘴里不停地念叨。请了许多医生，吃了许多药，都不见好转。丈夫遍访名医，后来终于请到了大名医韩世良诊治。

韩世良看了女子的病，对她的丈夫说："心病还须心药医。"然后对她的丈夫耳语一番。丈夫按照韩世良的吩咐，对女子说："你这样思念母亲，可不知母亲在地下是不是也思念于你，何不去找巫婆算上一算？"女子听后欣然同意。于是，丈夫把巫婆请来，焚香礼拜后，巫婆便学着母亲的声调说起话来，话语中充满了对女子的怨恨，女子真的以为是母亲显灵。

女儿听了"母亲"的一番话，转悲为怒，指着"母亲"说道："我是深深思念母亲才得的病，母亲反来怨恨于我，真是岂有此理，思念你有什么用？"此后，女子不再思念母亲，病也就痊愈了。

学一学

脾，位于膈之下。脾的主要生理功能是把饮食中的精微物质吸收、输送到全身，并保证血液在血脉中运行而不溢出脉外。

中医认为，“思伤脾”，思虑过度，容易损伤脾脏，会出现食欲不振、纳呆食少、神疲力乏等症状。该故事的主人公即为思虑过度，日久伤脾所致。

想一想

1. 脾的功能有哪些?

2. 留意一下，你的身边有没有因思伤脾的朋友，如果有，你应该怎么帮助他（她）?

身边的中草药

栝楼

栝楼植物

栝楼药材

【药材来源】本品为葫芦科栝楼属植物栝楼或双边栝楼的干燥成熟果实。

【功能主治】清热涤痰，宽胸散结，润燥滑肠。用于肺热咳嗽、痰浊黄稠、胸痹心痛、结胸痞满、乳痈、肺痈、肠痈肿痛、大便秘结。

第4课 人体的五脏——肺

读一读

南朝，有个人叫刘瑱。他的文采、书法、绘画都为当世所称道。

刘瑱的妹妹是齐朝鄱阳王的妃子，夫妻之间十分恩爱。后来，鄱阳王被齐明帝杀死了，刘瑱的妹妹悲痛欲绝，非常思念丈夫，于是一病不起，请了许多医生也不见起色。当时有一位很有名的画家叫殷茜，特别擅长画人像，画像看上去与真人没有什么区别。刘瑱就请殷茜画下鄱阳王的像，画中鄱阳王与平生最宠爱的姬妾一起照着镜子。刘瑱秘密地让乳母拿着画像给妹妹看。刘瑱的妹妹看了画像后十分生气，从此不再悲伤地思念鄱阳王了，病也就好了。

学一学

肺，位于胸腔，左右各一，在人体脏腑中位置最高，故称肺为华盖。肺是体内外气体交换的场所。

中医认为，人过度忧伤，会伤及肺，出现气短、干咳、咯血、音哑等症状。悲是忧的进一步发展，悲是由于哀伤而产生的一种情态，表现为面色惨淡，神气不足。忧与悲都会伤及到肺。

《红楼梦》中多愁善感的林黛玉，整日郁郁寡欢，最终因肺病而死，就是大悲伤肺的最好的证明。

想一想

1. 肺脏有什么功能？
2. 《红楼梦》中林黛玉是得什么病死的？

身边的中草药

黄精

黄精植物

黄精药材

【药材来源】本品为百合科黄精属植物滇黄精、黄精或多花黄精的干燥根茎。

【功能主治】补气养阴，健脾，润肺，益肾。用于脾胃虚弱、体倦乏力、口干食少、肺虚燥咳、精血不足、内热消渴。

第 5 课　人体的五脏——肾

读一读

从前，有个小孩儿偷偷到神庙里玩耍，拔了几根神像的胡须回来向妈妈炫耀，妈妈就恶狠狠地吓唬孩子：“你这么不听话，冒犯了天神，晚上会有鬼怪来抓你！”这个小孩儿吓坏了，晚上竟然尿床了。连续几天，小孩儿每晚都尿床，妈妈就请来了村里的医生。医生了解了事情的来龙去脉后，对孩子说：“你别怕，你妈妈那是想让你听话吓唬你呢，

我一会也去拔几根胡须来，你看看会不会有事？”于是，医生就走到外面猪圈，拔了几根猪鬃回来，让孩子看了。孩子睡了一夜，果然什么也没有发生，就相信了医生的话，不害怕了，也不再尿床了。

学一学

肾，位于腰部，左右各一。肾的主要生理功能是贮藏精气，主持和调节人体水液代谢，助肺保持吸气的深度。

中医认为，“恐伤肾”“恐则气下”。恐，就是害怕。有的人在害怕的时候总想上厕所，有的人参加考试的时候也有想上厕所的想法，故事中的小孩受到母亲恐吓之后晚上尿床，这些都是“恐则气下”的表现。

想一想

结合这节课，谈谈自己对恐惧的看法，如果遇到害怕的事情应该怎么做呢？

身边的中草药

黄芪

蒙古黄芪植物

黄芪药材

【药材来源】本品为豆科黄芪属植物蒙古黄芪或膜荚黄芪的干燥根。

【功能主治】补气固表，利尿托毒，排脓，敛疮生肌。用于气虚乏力、食少便溏、中气下陷、久泻脱肛、便血崩漏、表虚自汗、气虚水肿、痈疽难溃、久溃不敛、血虚萎黄、内热消渴。

第 6 课 人体的六腑

读一读

彤彤晚上放学回家，肚子饿得咕咕直叫，就狼吞虎咽地吃了一个鸡腿，还喝了一杯水。你知道彤彤吃下去的鸡腿、喝下去的水是怎样在肚子里“运动”的吗？

鸡腿在口腔里被咀嚼后，经过食道，进入一个“大房间”。这个“大房间”就是胃。鸡腿：“好宽敞啊，我要好好地活动活动。”与此同时，胃分泌了一种叫胃酸的液体，对鸡腿进行初步消化。

鸡腿在胃里活动“累了”，便慢慢地进入小肠。这个时候，胆囊察觉到了鸡腿，赶快排出了黄绿色的胆汁。鸡腿：“这是什么东西啊？黄黄的，好苦呀！”胆汁是身体专门消化肉类食物的特效武器。

心情好了，胆汁的排泄才会顺畅，鸡腿在小肠里就可以被分解出大量的养分，如果吃饭的时候生气，会造成胸胁胀痛、口苦等，所以保持好的心情，对于吃饭是很重要的。

接下来鸡腿就进入大肠了，鸡腿在大肠里缓慢前进。鸡腿：“我变成大便了，任务已经完成，请把我排出去吧。”

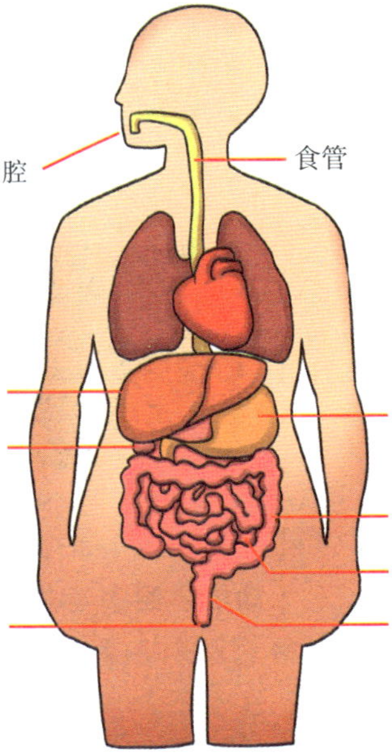

那么，彤彤喝下去的水是怎样被吸收和排泄的呢？其实啊，水和食物一样，都是从口腔经过食管，进入胃、小肠和大肠，只是水分由小肠和大肠吸收，经过身体的代谢作用，由膀胱将“废水”排出体外，这就是咱们说的“尿尿”。

最后，咱们来讲一下三焦，三焦其实就是一个大的袋子，把心、肺、脾、胃、肝、胆、小肠、大肠、膀胱都包裹起来，保护他们，使他们不被外界的暴力、细菌等伤害。

学一学

六腑，是胆、胃、小肠、大肠、膀胱、三焦的总称。它们的共同生理功能是“传化物”，即将饮食腐熟消化，传化糟粕。饮食入口，通过食道入胃，经胃的腐熟，下传于小肠，经小肠的分清泌浊，其清者（精微物质）由脾吸收，转输于肺，而布散全身，以供脏腑经络生命活动之需；其浊者（糟粕）下达于大肠，经大肠的传导，形成大便排出体外；而废液则经肾之气化而形成尿液，渗入膀胱，排出体外。

五脏与六腑主要是根据形态和功能特点来区分的。中医认为，五脏均为实心脏器，其主要特点是不与水谷直接接触，并且“藏精气而不泻”；六腑均为空腔脏器，其主要特点与饮食的消化有关，并且“传化物而不藏”，也就是说将饮食消化吸收后排出体外。

想一想

1. 六腑包括哪些呢?
2. 六腑的主要生理功能是什么?

身边的中草药

黄芩植物

黄芩

黄芩药材

【药材来源】本品为唇形科黄芩属植物黄芩的干燥根。

【功能主治】清热燥湿，泻火解毒，止血安胎。用于湿温、暑温、胸闷呕恶、湿热痞满、泻痢、黄疸、肺热咳嗽、高热烦渴、血热吐衄、痈肿疮毒、胎动不安。

第四单元　绿色疗法

第 1 课　针刺疗法

读一读

星期天，我和爸爸一起去爷爷家看望爷爷。见到爷爷后，我发现爷爷的脖子朝一边歪着，不敢动。我连忙问：“爷爷，你的脖子怎么了？”爷爷说：“昨天晚上躺在沙发上看电视，不知不觉睡着了，起来就疼得不敢动了。”我和爸爸赶紧劝爷爷去医院看看。爷爷却说：“不要紧，不要紧，休息几天就好了。”我和爸爸还是坚持带他去了医院。医生给爷爷检查完后说：“老人家，这是落枕了，是因为您在睡觉时的体位不当引起的，扎扎针就好了。”说完，医生便用镊子夹着棉球给爷爷的手背进行消毒，然后拿出一根银针，用酒精消毒后，在爷爷的手背上一扎，又拧了好多下之后，让爷爷休息一会儿。停留了约半小时，医生让爷爷慢慢地活动脖子，爷爷果然感觉脖子一点儿也不疼了，而且能自如地活动了。针刺疗法真是太神奇了！

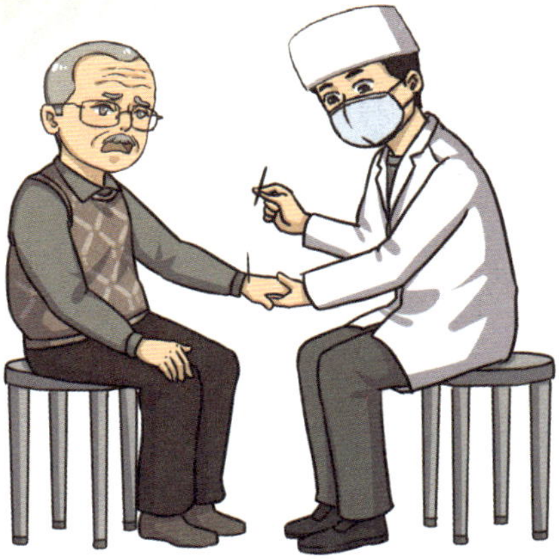

学一学

针刺疗法是以中医理论为指导，将针具采取不同的手法扎到人体的某个特定穴位上，以达到防治疾病目的的一种方法。针刺疗法属于机械刺激，是外部治疗，没有外来药物的参与，没有毒副作用，具有适应证广、疗效明显、操作方便、经济安全、不受时间和地点限制等优点，深受广大群众和患者欢迎。

针刺疗法使用的针具种类很多，临床常用的针具有毫针、三棱针、皮肤针、火针等。其中，毫针最为常用。

针刺疗法最常选取的腧穴有很多，如合谷、内关等。

合谷在手背第1、2掌骨间，第2掌骨桡侧的中点处。或以一手的拇指指骨关节横纹，放在另一手拇指、食指之间的指蹼缘上，拇指尖下就是这个穴位。

内关在前臂掌侧，腕横纹上2寸，掌长肌腱与桡侧腕屈肌腱之间。伸出左手，将左手心向脸，右手食指、中指、无名指三指并拢，把无名指放在左手横纹上，左手的内关穴就在右手食指的下边。

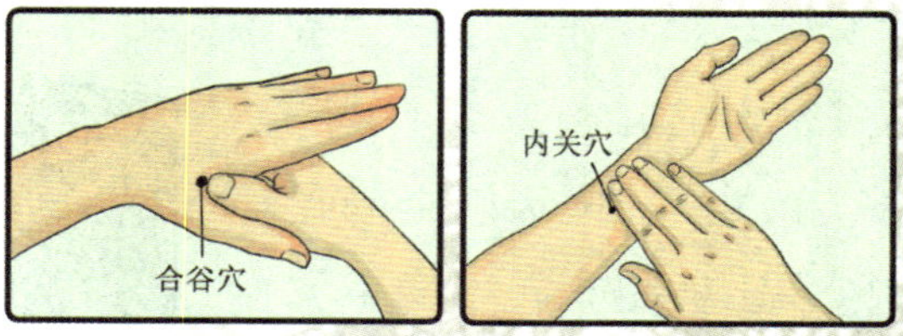

想一想

1. 针刺疗法的优点是什么?
2. 你知道合谷、内关在什么位置吗?

身边的中草药

金银花

忍冬植物

金银花药材

【**药材来源**】本品为忍冬科植物忍冬的干燥花蕾或初开放的花。

【**功能主治**】清热解毒，凉散风热。用于痈肿疔疮、喉痹、丹毒、热毒血痢、风热感冒、温病发热。

第2课　艾灸疗法

读一读

明明是个贪玩的孩子。这天刚下过雨，地上十分潮湿，明明还像以前一样偷偷坐在地上玩起了泥巴。

中午吃饭的时候，明明捂着肚子叫唤，说肚子疼，妈妈很着急，就抱着他去找邻居王奶奶。

王奶奶是当地有名的中医，她详细询问了明明发病的过程，又摸了摸明明的肚子。明明的肚子就像小皮球一样鼓鼓的，又凉又胀。只见王奶奶拿来一根艾条，让明明平躺在床上，然后拿着点燃的艾条在明明的肚脐眼儿周围慢慢地移动。明明感觉肚子热烘烘的。过了20分钟左右，肚子就像小皮球漏气一样扁了下去，用手摸着还温温的。

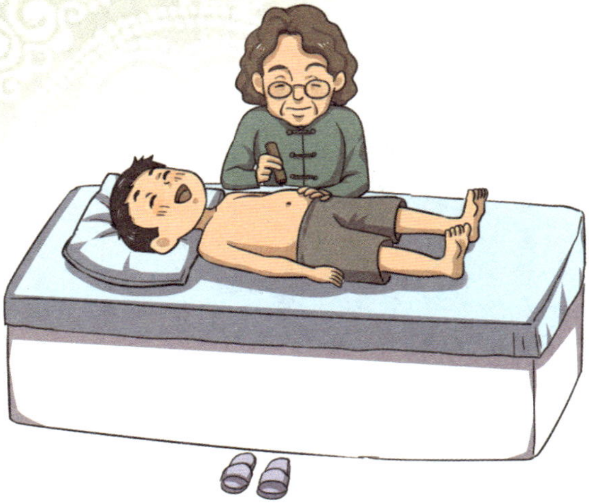

这时候，明明开口说话了：“我的肚子好舒服呀，一点也不疼了。”

王奶奶告诉妈妈：“雨后天凉，地上潮湿。明明坐在地上玩泥巴，感受了寒湿之气。我刚才用艾灸疗法祛除了明明肚子里的寒湿病邪，所以他就不难受了。”

学一学

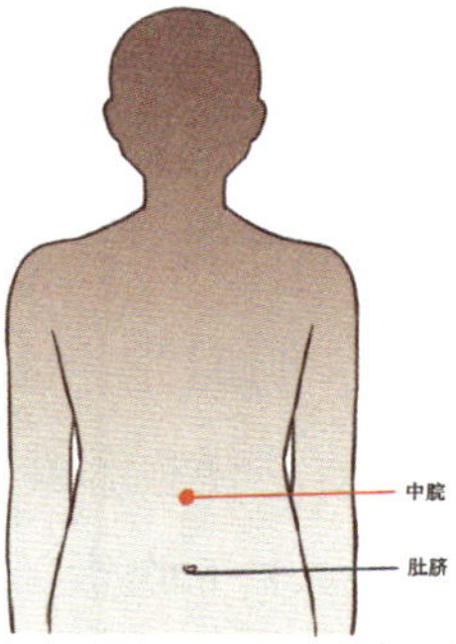

艾灸疗法，简称灸法，是运用艾绒或其他药物在体表的穴位上烧灼、温熨，借灸火的热力及药物的作用，通过经络的传导，收到温通气血、扶正祛邪的功效，达到防治疾病目的的一种方法。

艾灸疗法既可单独使用，也可与针刺疗法配合使用（即针灸疗法）；既可用于治疗疾病，也可用于防病保健。

艾灸疗法主要用于治疗寒湿性疾病，热性疾病（高热、化脓性疾病等）一般不宜采用艾灸疗法。

例如：艾灸中脘穴可以治疗寒性的胃痛、腹痛、腹胀、恶心、呕吐、食欲不振、泄泻等。中脘穴位于人体的上腹部，前正中线上，胸骨下端和肚脐连接线的中点。

想一想

1. 什么是艾灸疗法?
2. 艾灸中脘穴可以治疗哪些疾病?

身边的中草药

九节菖蒲

阿尔泰银莲花植物

九节菖蒲药材

【药材来源】本品为毛茛科银莲花属植物阿尔泰银莲花的干燥根茎。

【功能主治】芳香开窍，化痰安神。用于热病昏迷、痰浊蒙窍、癫痫、耳鸣耳聋、胸腹胀闷。

第 3 课　拔罐疗法

读一读

今天是星期天，妈妈要带我去游乐园玩，我心里别提多高兴了。

可是，妈妈一大早起来，腰就不对劲了，她总是用手托着腰，侧一下身子还得把整个身子都转过去，看上去特别痛苦。我赶紧对妈妈说：“妈妈，我陪你去医院看病吧，游乐园改天再去吧。”妈妈欣慰地朝我点了点头。

我和妈妈来到医院，医生叔叔检查完毕后对妈妈说：“你的腰部受凉了，需要拔个火罐治疗一下。”只见医生叔叔用镊子夹起一小团酒精棉球，在酒精灯上点燃，随即将酒精棉球在一个像“灯泡”一样的东西中绕一圈抽出，然后迅速把“灯泡”扣在妈妈的腰部。不一会儿，妈妈的腰部被扣上了好多个“灯泡”。“灯泡”里皮肤的颜色也在逐渐地由正常肤色转变为红色，再变为黑色，好神奇啊！

医生叔叔看着我惊讶的表情，笑着对我说：“小朋友，这是拔火罐。你妈妈是受凉后腰部血液循环不畅，我们拔火罐，可以把腰部的寒凉邪气从毛孔中拔出来，这样腰痛就好了。”

20 分钟后，医生叔叔给妈妈取下了火罐，妈妈扭动了几下腰，竟活动自如了。

很感谢医生叔叔，我学到了医学知识。妈妈又能陪我去游乐园玩了，好开心啊！

学一学

拔罐疗法是以罐为工具，利用燃火、抽气等方法产生负压，使之吸附于体表，造成局部皮肤瘀血，以起到通经活络、行气活血、消肿止痛、祛风散寒等作用的一种疗法。

拔罐疗法可以治疗多种疾病，常用于治疗感冒、发烧、咳嗽、湿疹、失眠、肌肉拉伤、颈椎病、腰椎病、肩周炎、骨性关节炎等病证。

例如：大椎穴拔罐，具有祛风散寒、调和阴阳的作用，可以治疗感冒、咳嗽、中暑等疾病。大椎穴位于后正中线上，正坐低头，颈部下端第 7 颈椎棘突下凹陷处即是。

拔罐用的罐具种类很多，同学们一起来认识一下：

竹罐

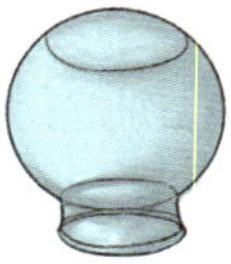

玻璃罐

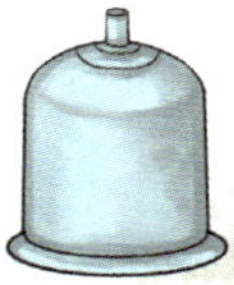

抽气罐

陶罐

想一想

1. 故事中的医生给妈妈使用的是什么治疗方法？
2. 你知道大椎穴在什么位置吗？

身边的中草药

银杏叶

银杏植物

银杏叶药材

【药材来源】本品为银杏科银杏属植物银杏的干燥叶。

【功能主治】敛肺平喘，活血化瘀，止痛。用于肺虚咳喘、冠心病、心绞痛、高血脂。

第4课　刮痧疗法

读一读

小欣是一名小学三年级的学生。

去年暑假的一天，小欣与好朋友相约出去玩耍。8月的天说变就变，突然大雨滂沱，小欣来不及躲雨，全身都湿透了。回到家不久，小欣就病倒了，高烧持续不退。小欣的爸爸赶紧带他到医院看病。在医院里，小欣吃药、打针好几天，体温时高时低，一打针体温就降了下来，药效一过体温就又升了上去。一家人愁眉苦脸，不知道该如何是好。

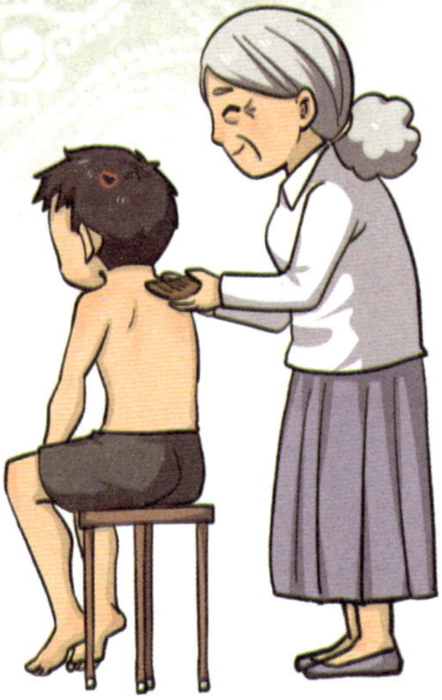

不得已，小欣的奶奶试着用民间流传下来的刮痧疗法给小欣做治疗。

奶奶用水牛角蘸了点食用油，然后在小欣的后背上反复地由上而下、由内向外不停地刮动。不一会儿，小欣的后背就被刮出了两条黑红色的痧痕。

说来也奇怪，痧痕刮出来没多久，小欣的烧就退了，而且体温再也没有升高过，小欣的身体很快就恢复了正常。

学一学

刮痧疗法是用刮痧板或边缘光滑的小汤匙、铜钱等工具，蘸食用油或清水在体表部位进行由上而下、由内向外地反复刮动，用以治疗疾病的一种方法。常见的刮痧部位主要是背部，此外还可选取头部、颈部、胸部、四肢等。刮痧疗法具有宣通气血、发汗解表、疏筋活络、调理脾胃等功能，常用于治疗中暑、感冒、发热、咳嗽、呕吐、腹痛、腹泻、头晕、风湿痹痛、小腿痉挛等。由于刮痧疗法不用药物，见效快，无毒副作用，故在民间广泛应用。

现代刮痧的工具主要是刮痧板。刮痧板一般用水牛角或玉石材质制作而成，形状近长方形，边缘钝圆。刮痧时，刮痧板必须蘸些介质，目的是起润滑作用，防止刮伤皮肤。常用的介质有液体介质，如水、植物油、刮痧油；固体介质，选用质地软、细腻的固体，如凡士林、面霜、板油等。

刮痧板

小汤匙

铜钱

想一想

1. 刮痧疗法有什么作用？
2. 生活中适合刮痧的器具及刮痧介质有哪些？

身边的中草药

款冬花

款冬植物

款冬花药材

【药材来源】本品为菊科植物款冬的干燥花蕾。

【功能主治】润肺下气，止咳化痰。用于新久咳嗽、喘咳痰多、痨嗽咳血。

第5课 捏脊疗法

读一读

弟弟今年3岁了，本来身材就比较瘦小，再加上最近总是不好好吃饭，显得面色有些萎黄。这可急煞了爸爸妈妈。爸爸琢磨来琢磨去，最后对妈妈说道：“不行的话，到医院给老二捏捏脊吧，听说效果不错。”就这样，我们一家四口一起来到医院的小儿推拿科。

医生看了看弟弟，笑着对弟弟说：“小朋友，你知道你为什么这么瘦吗？”

弟弟天真地看着医生说：“不知道，为什么？”

“因为你后背有一只小虫，你吃的所有好吃的，都被那只小虫吃了，所以你才这么瘦，一会儿我帮你把这只小虫给捏出来，怎么样？”

“好！”弟弟完全没有平时喝药的那股哭闹劲，听话地趴到那儿让叔叔在背上找虫子，还时不时地扭头问：“叔叔，小虫出来了吗？”

医生从下向上捏着脊背，对弟弟说：“你看这只小虫正往上跑呢。”

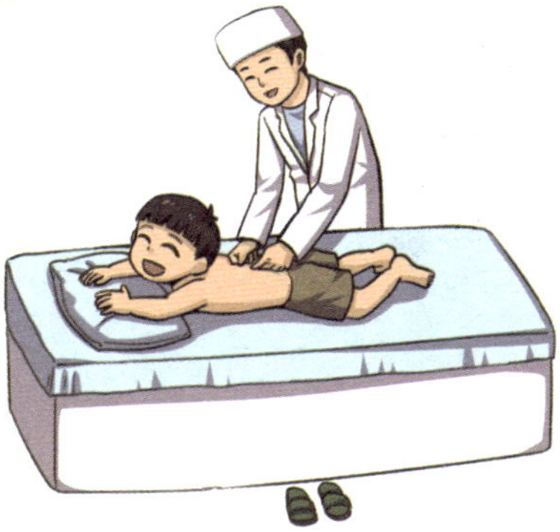

医生捏三下提一下时，又对弟弟说，“你看这只小虫还在后面蹦呢。”

大家都笑了，整个治疗过程都很轻松。

治疗结束后，弟弟一骨碌就坐了起来，掰开医生的手说：“让我看看这只小虫。”

到了第二天，弟弟竟主动跟妈妈说：“妈妈，我还想让叔叔给我抓小虫。”

经过几次的捏脊治疗，弟弟食欲大增，面色也逐渐红润了起来。

学一学

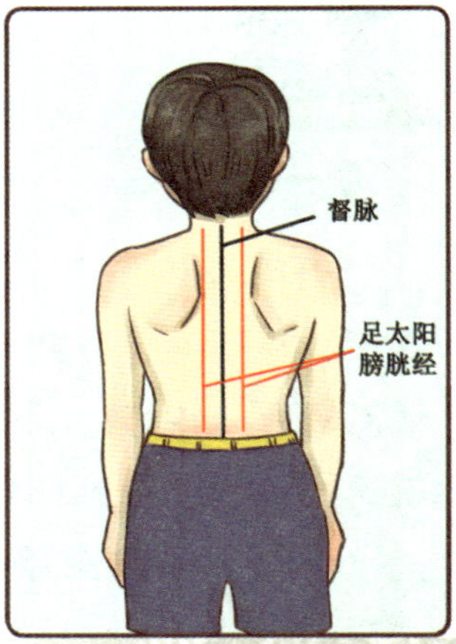

捏脊疗法是通过连续捏拿脊柱肌肤以防治疾病的一种方法，常用于治疗小儿厌食之类的病证，属于小儿推拿术的一种，具有疏通经络、调整阴阳、促进气血运行、改善脏腑功能及增强人体抗病能力的作用。

人体的背部有两个非常重要的经脉，正中间的经脉叫督脉，督脉两侧各有一条经脉为足太阳膀胱经。督脉和足太阳膀胱经上布满了人体重要的穴位。通过捏脊疗法，可以疏通经络，调节脏腑的生理功能，促进胃肠蠕动，加强消化吸收，提高人体抵抗力，所以，捏脊疗法常用于治疗食欲不振、消化不良、腹泻、失眠、感冒、发烧等病证。

想一想

1. 什么是捏脊疗法?
2. 捏脊疗法常用于治疗哪些疾病?

身边的中草药

连翘

连翘植物

连翘药材

【药材来源】本品为木犀科连翘属植物连翘的干燥果实，果实初熟尚带绿色时采收称为“青翘”，果实熟透颜色发黄时采收称为“老翘”。

【功能主治】清热解毒，消肿散结，疏散风热。用于痈疽、瘰疬、乳痈、丹毒、风热感冒、温病初起、温热入营、高热烦渴、神昏发斑、热淋涩痛。

第6课　外贴疗法

读一读

荣荣过去一直是班里名列前茅的好学生，但是近两年，她的成绩却一直下滑，原因是她近两年身体特别差，每到冬天就感冒、咳嗽，不得不请假看病，这成了荣荣最痛苦的事情。荣荣的父母看在眼里，急在心上。

一个偶然的机会，荣荣的父母从朋友那里得知，朋友的孩子以前也总是感冒，后来一到夏季三伏天就去医院进行三伏贴治疗，坚持治疗两年后，冬天就再也没有感冒过。荣荣的父母也想让荣荣试试。

三伏天到了，荣荣的父母依照与医生约好的时间带着荣荣去了医院。医生说荣荣的病是肺脾两虚所致，需坚持两个夏季进行贴敷治疗，而且平时要忌食生冷油腻的食物，加强锻炼，养成良好的生活习惯。

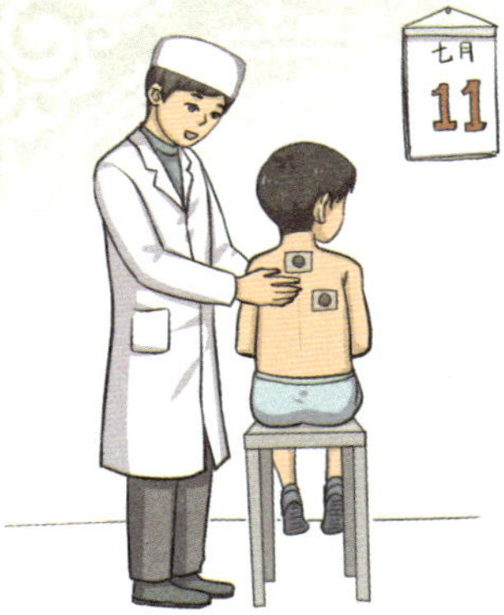

就这样，荣荣坚持在每年的三伏天进行贴敷治疗，两年后，荣荣的身体果然恢复了健康，冬天再也不生病了，学习成绩更是突飞猛进。

学一学

外贴疗法，又称贴敷疗法，是以中医基本理论为指导，应用中草药制剂，施于皮肤、孔窍、腧穴及病变局部等部位的治病方法，属于中药外治法。外贴疗法较内治法更为简便、实用。

三伏贴疗法是中医外贴疗法的一种，是指利用夏季三伏天特殊的时间段进行的防治疾病的外贴疗法。三伏天，人体的气血运行旺盛，药物容易深达脏腑，是治疗、调整肺脏疾患的最佳时机。此时，进行贴敷治疗能使药物更好地循着人体的经络进入身体，起到调节脏腑、提高免疫力的作用，达到防治疾病的目的。

三伏贴疗法对冬季感冒、哮喘、咳嗽、鼻塞、慢性腹泻、小儿厌食等病证有明显的疗效。

想一想

1. 三伏贴疗法需要在什么时候治疗？
2. 三伏贴疗法常用于治疗哪些疾病？

身边的中草药

苦参

苦参植物

苦参药材

【药材来源】本品为豆科苦参属植物苦参的干燥根。

【功能主治】清热燥湿，杀虫利尿。用于热痢、便血、黄疸、尿闭、赤白带下、阴肿阴痒、湿疹、湿疮、皮肤瘙痒、疥癣麻风。

第五单元 日常保健

第 1 课 起居有常

读一读

小宝已经是三年级的小学生了，可是小宝的个子却比同班同学低得多。

一开始，小宝的父母并没有在意，以为小宝天生就是个小个子。后来班主任老师反映说：“小宝上课总是走神，注意力不集中。”这才引起了小宝父母的重视，并带着小宝去看医生。

医生仔细地询问了小宝的情况后，告诉小宝的父母：小宝的个子比同班同学低得多、上课走神、注意力不集中等情况与小宝长期作息时间不规律，且睡眠时间不足有关。原来，小宝的父母由于工作原因，总得值夜班，每天晚上只有小宝和奶奶在家。奶奶特别溺爱小宝，什么事都由着小宝的性子来。小宝吃完晚饭后，一会儿玩手机，一会儿看电视，从来就没有在晚上 12 点前睡过觉。第二天早上，奶奶不知道要叫多少遍，小宝才能起床，起床后小宝眼睛总是红红的，头脑不清晰，上课时注意力不集中。

医生告诉小宝的父母，长期睡觉不规律、睡眠不足还会影响小宝的智力发育，降低小宝的反应、阅读和算术等能力。由于生长激素都是在睡觉的时候分泌，所以长期的不良睡觉习惯，影响了小宝的身高。

小宝的父母和小宝听完医生的话，都吓出了一身冷汗，小宝也下决心以后一定要按时睡觉，保证每天最少睡眠 9 小时。

学一学

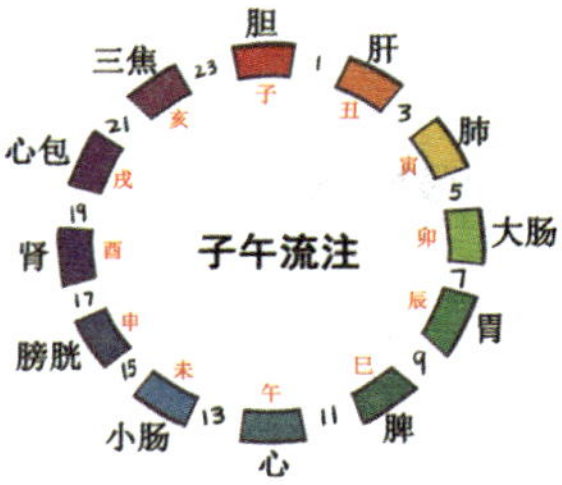

中国古人把一天分为12个时辰，即子时、丑时、寅时、卯时、辰时、巳时、午时、未时、申时、酉时、戌时、亥时。

亥时，即晚上9点到晚上11点，是一天中的最后一个时辰，这一天的所有活动都要结束，应该休息了。

子时，即晚上11点到凌晨1点，是一天中最黑暗的时候，这个时间需要有一个深度的睡眠。

卯时，即早上5点到早上7点，这个时候，天基本上亮了，应该起床了。

中医学提倡亥时入睡，卯时起床，按时作息（起居有常），才利于恢复体力。

长期熬夜或者作息时间不规律会打乱人体的经脉运行，伤害身体，造成小学生上课时注意力不集中、打瞌睡、走神等，从而影响到学习效率和学习成绩，甚至影响小学生的身高和智力发育等。因此，保持充足的睡眠才能够身体健康、精神振作、头脑清晰，才能愉快地完成一天的学习任务和参加各种活动。

想一想

1. 十二时辰包括哪12个时辰？
2. 你的作息时间规律吗？你每天能睡几个小时？

身边的中草药

酸枣仁

酸枣植物

酸枣仁药材

【药材来源】本品为鼠李科植物酸枣的干燥成熟种子。

【功能主治】补肝宁心，敛汗生津。用于虚烦不眠、惊悸多梦、体虚多汗、津伤口渴。

第2课　饮食有节

读一读

期中考试结束了，小辉考了全班第一，爸爸妈妈都很高兴，答应带他吃汉堡。

来到点餐处，小辉迫不及待地点起餐来：“这个鸡腿我要，那个

鸡块我也要，薯条来一包，爸爸我还想吃鸡翅，再来一个我最爱吃的汉堡吧。”爸爸劝他先点个汉堡，吃完再点别的，可是小辉不高兴。妈妈怕扫了小辉的兴，便让爸爸依了小辉。没想到小辉还真的一会就全吃光了。小辉撑得都走不了路了，还一边哈哈大笑，一边说：“过瘾！真过瘾！”

到了半夜，小辉又吐又拉，肚子疼得要命，这还不算，第二天居然发烧了。妈妈带小辉去医院，医生告诉小辉：“你的病是饮食不节制造成的。一次吃得太多，脾胃就消化不动了，脾胃的消化功能受阻，就会形成宿食，导致上吐下泻。”医生告诉小辉回去后中午不要吃饭，晚上只能喝点稀粥，明天才能正常吃饭，并给小辉开了帮助消化的药。遵照医生的嘱咐，小辉很快就好起来了。

学一学

中医学认为，饮食要有规律、饥饱有度、寒温适中，老人和病人还应当少食多餐，这就是饮食有节。

学龄儿童，不仅应做到饮食有节，还应当做到不偏食，饮食搭配科学合理，这样才能保证营养全面，有利于身体的健康发育和成长。

如果饮食无规律、无节制、偏食等，不仅会出现像小辉一样的不适症状，而且还会引发急性胃扩张、急性胃肠炎、肥胖病、心脏病、神经衰弱等疾病。

想一想

1. 什么是饮食有节?
2. 饮食无规律、无节制、偏食会引发哪些疾病?

身边的中草药

秦艽

秦艽植物

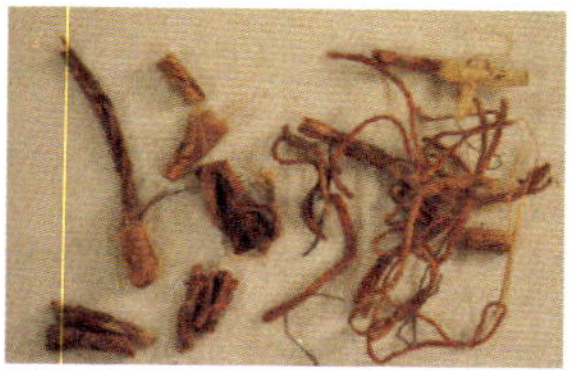

秦艽药材

【药材来源】本品为龙胆科植物秦艽、麻花秦艽、粗茎秦艽或小秦艽的干燥根。

【功能主治】祛风湿，清湿热，止痹痛。用于风湿痹痛、筋脉拘挛、骨节酸痛、日晡潮热、小儿疳积发热。

第 3 课　保护眼睛

读一读

有一天，小芳上课的时候发现黑板上的字变得模糊了，她非常害怕，回家后对妈妈说：“妈妈，我看不清楚黑板上的字了，我的眼睛是不是坏了？”妈妈听后很担心，赶紧带她去医院看眼睛。

医生检查后，对小芳说：“这是用眼过度造成的。你是不是经常玩手机？”小芳回答说：“是的，闲下来就玩。”医生很严肃地对妈妈和小芳说：“现在的手机智能性越来越高，所以喜欢玩手机的人也越来越多了。这是很不好的现象。长期玩手机，不仅会伤害儿童的视力，甚至还会导致失明或颈椎变形。整天沉迷于手机世界里，久而久之，学习成绩必然下滑。儿童玩手机的危害很多，希望家长能够以身作则，给孩子树立一个好榜样，同时多陪伴孩子参与户外体育活动，尤其应当坚持做眼保健操。”

回到家后，小芳再也不玩手机了，而且每天坚持做眼保健操，慢慢地黑板上的字又变得清晰了。

学一学

小学生的学业负担重，加之受手机、电视的诱惑较为严重，稍不注意就会伤害视力，因此小学生必须坚持每天做两次课间眼保健操，上、下午各一次。眼保健操通过对眼部周围穴位的按摩，使眼内气血通畅，改善神经营养，使眼部肌肉得到放松，消除眼疲劳，从而达到预防近视的目的。

眼保健操主要按摩攒竹穴（攒竹穴在眉毛的内侧端）、睛明穴（睛明穴在眼睛内眼角上方 0.1 寸的地方）、四白穴（四白穴在面部，目正视，瞳孔的下方，眼眶下方凹陷处）、太阳穴（太阳穴在前额两侧，外眼角延长线的上方）、风池穴（风池穴在头额后面大筋的两旁与耳垂平行处），可加揉捏耳垂，同时脚趾抓地。

想一想

1. 眼保健操主要按摩哪些穴位？
2. 如何才能做到用眼卫生呢？

身边的中草药

青蒿

黄花蒿植物

青蒿药材

【药材来源】菊科植物黄花蒿的干燥地上部分。

【功能主治】清虚热，除骨蒸，解暑热，截疟，退黄。用于温邪伤阴、夜热早凉、阴虚发热、骨蒸劳热、暑邪发热、疟疾寒热、湿热黄疸。

第 4 课　增强体质

读一读

华佗的一位学生见自己的老师虽年近六旬，但动作灵活，身体健壮，一点儿也不像老人，就向华佗请教保持身体强壮的方法，华佗告诉学生，

这是因为自己坚持练习自创的五禽戏的缘故。虎、鹿、猿、熊、鸟，这 5 种动物的动作特点各不相同，根据它们的动作特点，编排而成的一套锻炼身体的方法就是五禽戏。后来，那位学生牢牢记住了老师的教诲，不仅自己每日坚持练习五禽戏，而且教会了许多普通百姓。于是，五禽戏便逐渐推广开来，并一代一代地往下传，直至今日。据文献资料记载，这位学生足足活了一百多岁。

学一学

小学生正处于身体的生长发育阶段，有一个良好的身体素质是度过健康美好的童年及提高学习等方面技能的前提。

增强体质的方法很多，除练习五禽戏之外，还可练习八段锦、太极拳等，这些都是很好的传统健身方法。这些健身方法，能够让身体的各个部位都得到很好的锻炼，强壮筋骨、增强体力，只有坚持长期练习才能达到强身健体的目的。

目前，小学生最常见的健身方式主要是上体育课、做广播体操，与传统健身方法异曲同工，这对小学生健康成长很重要。

想一想

1. 长期练习五禽戏有哪些好处？
2. 你还知道哪些传统的健身方法？

身边的中草药

桑葚

桑植物

桑葚药材

【药材来源】本品为桑科植物桑的干燥果穗。

【功能主治】补血滋阴，生津润燥。用于眩晕耳鸣、心悸失眠、须发早白、津伤口渴、内热消渴、血虚便秘。

第5课　穴位按摩

读一读

文文经常和爸爸妈妈去外地旅游，途中常常由于水土不服而出现腹痛，甚至恶心、呕吐、腹泻，导致旅行不愉快。

有一次，文文全家随旅游团到南方旅游，发现有位叔叔途中休息的时候常常在小腿上不停地按揉。出于好奇，文文就问："叔叔，您腿不舒服吗？"叔叔笑着说："不是的，我这个人呀，非常喜欢旅游。

以前旅行中总是闹肚子，特别难受。后来，听人说按摩足三里穴可以解决这个困扰，于是我就试了试，结果还真管用。旅途中，一休息下来我就按摩按摩，再也不怕肚子不舒服了。"文文又问："叔叔，足三里穴在什么位置呢？"叔叔说："小朋友，你知道吗？人体有好多好多穴位，足三里穴是其中很重要的穴位。足三里穴在小腿外侧，用手心盖住膝盖，中指外侧一点就是这个穴位，左右各有一个足三里穴。"

后来，文文每次和爸爸妈妈出去旅游，也在休息时按摩足三里穴。从那以后，文文旅途中再也没有腹痛、闹肚子的情况了！

学一学

按摩穴位，可以放松肌肉、解除疲劳、调节人体机能，具有提高人体免疫力、通经活络、平衡阴阳、扶正祛邪的功效。

人体左右两侧各有一个足三里穴。按摩足三里穴可以用手指指腹在穴位上进行揉、按或推等。平时保健，每次按摩 1~3 分钟；用于治疗，每次按摩 15 ~ 20 分钟。平时按摩，具有强壮作用；用于治疗，可改善消化不良、水土不服、食积、下肢痿痹、下肢不遂等。

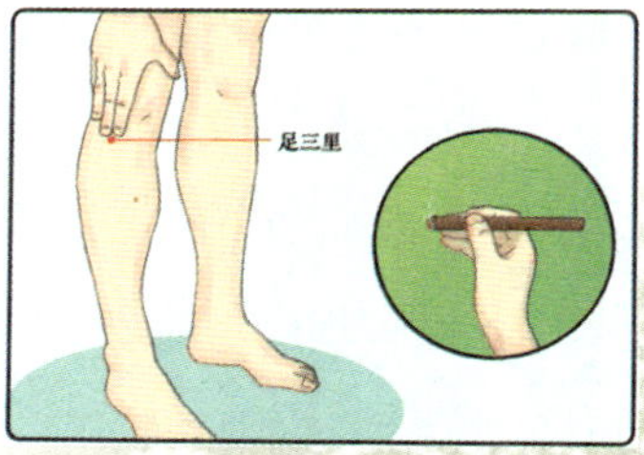

中医有“肚腹三里留”的说法，就是说发生在腹部（肚子）的疾病可以对足三里穴进行针刺、艾灸、按摩、刮痧或外贴中药等，收到非常好的治疗效果。

除足三里穴外，常用的保健穴位还有很多，如百会、中脘、内关、三阴交等。

想一想

1. 你能找见自己的足三里穴吗？
2. 你知道“肚腹三里留”是什么意思吗？

身边的中草药

山药

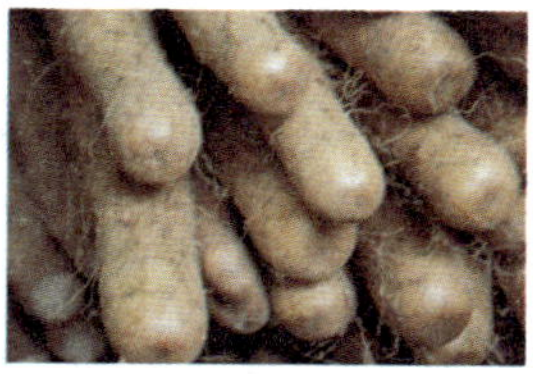

薯蓣植物

山药药材

【药材来源】本品为薯蓣科植物薯蓣的干燥根茎。

【功能主治】补脾养胃，生津益肺，补肾涩精。用于脾虚食少、久泻不止、肺虚喘咳、肾虚遗精、带下、尿频、虚热消渴。

第6课　中药茶饮

清代，太医院御医常用中药茶饮来防治疾病。御医要定期给皇帝及后妃们诊脉，结束后即使没有病，也要开个方子，这些方子一般都是中药茶饮方。

清朝的咸丰皇帝在年少时体弱多病。有一年冬天，咸丰不小心感冒了，发烧、怕冷、鼻塞，还不停地咳嗽，食不知味。几天后，经过御医的精心调治，咸丰的病情虽然有所好转，但是咳嗽仍不见减轻。经过反复斟酌，御医为咸丰开了一服中药茶饮方。中药茶饮方为秋梨配柿饼，秋梨清热润肺，柿饼清肺止咳，味道甘甜，服用起来十分方便。咸丰服用了一段时间的中药茶饮，咳嗽便彻底痊愈了。

学一学

中药茶饮，又称中药代茶饮，是指用中草药（单味或多味）代茶冲泡或煎煮，然后像茶一样饮用。

中药茶饮不仅可以防治疾病，而且可以病后调理、养生保健。中药代茶饮虽然简、便、廉、效，但是要因病、因人而异应用，所以必须在医生的指导下使用。

人们熟知的黄芪茶、菊花茶等就属于中药代茶饮的类型。经常用黄芪煎汤或泡水代茶饮，具有良好的防病保健作用。

黄芪是山西的道地药材。山西省是中药资源大省，也是全国中药材重要产区，中药材的种类、储量、种植面积和产量均处于全国前列。目前，山西探明的中药材种类有 1 456 种，其中有 30 多种中药材属于道地药材，连翘、黄芪、党参、黄芩、柴胡、款冬花、远志、苦参都是山西著名的道地药材。

想一想

1. 你还知道哪些中药可以代茶饮呢？
2. 你知道的山西道地药材有哪些吗？

身边的中草药

山楂

山楂植物

山楂药材

【药材来源】本品为蔷薇科山楂属植物山里红或山楂的干燥成熟果实。

【功能主治】消食健胃，行气散瘀。用于肉食积滞、胃脘胀满、泻痢腹痛、瘀血经闭、产后瘀阻、心腹刺痛、疝气疼痛。

第六单元　节日健康

第1课　清明踏青

读一读

清明节的来历，说法众多，其中最为人们熟知的是介子推的传说。

春秋时，晋国发生了政乱，公子重耳被迫流亡在外，途中又累又饿，站都站不起来了，可是一点吃的也找不到。就在大家焦急的时候，随臣介子推走到僻静处，从自己的大腿上割下一块肉，煮了一碗肉汤让重耳充饥。重耳喝了肉汤，很快就恢复了精神。重耳得知肉是介子推从自己的大腿上割下的后，感动得流下了眼泪。

19年后，重耳做了国君，就是历史上的晋文公。即位后，晋文公封赏群臣时却忘了介子推。很多人为介子推鸣不平，劝他面君讨赏，然而介子推鄙视争功讨赏，与母亲一起隐居到了绵山。晋文公听说后，羞愧难当，便亲自去请介子推出来做官。可是绵山山高林密，找寻谈何容易。有人献计，从三面放火烧山，逼出介子推。可是，大火烧遍了绵山也没有见到介子推的影子。大火熄灭后，人们才发现，介子推与母亲抱着一棵烧焦的大柳树已经死了，并留下遗言：“割肉奉君尽丹心，但愿主公常清明。”为纪念介子推，晋文公将这一天定为寒食节。第二年晋文公率众臣登山祭奠，发现柳树竟然复活，便赐老柳树为“清明柳”，并将寒食节的后一天定为清明节。

学一学

清明节又叫踏青节。清明节既是一个扫墓祭祖的肃穆节日，也是人们亲近自然、踏青游玩、享受春天乐趣的节日。

清明时节，冷空气与暖空气交替，天气一会儿阳光灿烂，一会儿阴雨绵绵，人体常会出现四肢麻痹，饮食要清淡，应定时、定量、限盐、补钾，以清补为主，多吃蔬菜、水果，以防上火。可多吃些柔肝养肺的食品，如荠菜益肝和中，菠菜利五脏、通血脉，山药健脾益肺。

清明节的习俗除了禁火、扫墓，还有踏青、荡秋千、放风筝、植树、插柳、拔河、斗鸡等一系列风俗、体育活动，不但可以使我们保持乐观的心情，还可以帮助阳气的生发。

想一想

1. 你知道清明节是如何来的吗？
2. 清明节还有哪些对身心有益的风俗、体育活动？

身边的中草药

山茱萸

山茱萸植物

山茱萸药材

【药材来源】本品为山茱萸科山茱萸属植物山茱萸的干燥成熟果肉。

【功能主治】补益肝肾，涩精固脱。用于眩晕耳鸣、腰膝酸痛、阳痿遗精、遗尿尿频、崩漏带下、大汗虚脱、内热消渴。

第2课　端午插艾

读一读

端午插艾，这一习俗还有一个美丽的传说。

古时候，各国之间经常打仗。一次，某国的一位将军遭人围捕，危急时刻，另一个国家的一位小女孩冒着生命危险救了他，将军十分感激。后来，将军在攻打这个国家时，派人对小女孩说：“攻城时你在家门口挂上艾草，我们就知道是你家了，士兵们就不会伤害你了。”小女孩为了所有人都能安全，便通知百姓在大门上插上艾草。五月初五这一天，大军一路杀来，看到家家户户大门上都悬挂着艾草，也辨不清哪家是小女孩的家，士兵们也就停止了杀戮。

虽然这只是一个传说，但流传到今天，端午节时，家家户户大门悬挂艾草就成了一种习俗。

学一学

端午节是我国的四大传统节日之一。

端午这一天，人们有吃粽子、挂艾草、划龙舟、戴香包、拴彩线、洗草药水等风俗，这些活动都蕴含着深厚的文化内涵。

那么，端午节为什么要悬挂艾草呢？艾草早在我国古代就是重要的药用植物，具有特殊气味，既能净化空气，又有较强的驱毒除瘟作用，悬挂艾草及燃烧艾叶可以杀菌消毒，预防瘟疫流行。悬挂艾草的习俗，就是取其避邪的寓意。

中医认为，艾叶具有温经止血、散寒止痛的作用，临床上多数外用。如用艾叶进行艾灸或煎水外洗，可通畅全身的气血，提升免疫力，祛风除湿。

想一想

1. 端午节的哪些习俗对身心健康有益？

2. 你们当地有哪些野生的中草药？你认识多少种？（比如蒲公英、车前草、菊花、薄荷、枸杞、地黄、桑叶、杏仁、桃仁、茵陈、青蒿、柴胡等）

身边的中草药

茵陈

茵陈蒿植物

茵陈药材

【药材来源】本品为菊科蒿属植物滨蒿或茵陈蒿的地上幼嫩茎叶。

【功能主治】清湿热，退黄疸。用于黄疸尿少、湿疮瘙痒。

第3课　重阳登高

读一读

每年的农历九月九日为重阳节。重阳节有三大节俗：登高、饮菊花酒、佩戴茱萸。可是，为什么要在九月九日的重阳日登高、饮菊花酒、佩戴茱萸呢？

据说东汉时，汝南县有个小伙子叫桓景。有一年，桓景的家乡遭受了瘟疫侵袭。瘟疫夺走了许多百姓的生命，也夺走了他的父母，连桓景本人也差点丧了命。这对桓景来说，打击特别大，他下决心一定要征服瘟疫。桓景病愈后，便辞别了心爱的妻子和父老乡亲，遍访名医，学习治疗瘟疫的方法。桓景历经艰险，终于学会了防治瘟疫的方法。回到家乡后，在九月九日早晨，桓景按照老师教给他的办法，给乡亲们每人佩戴一包茱萸，然后领着乡亲们爬上附近的山上，饮菊花酒，并详细讲解防治瘟疫的方法。从此以后，桓景的家乡再也没有发生过瘟疫。

这件事情传开后，大家纷纷效仿，在九月九日这天登高、饮菊花酒、佩戴茱萸。后来，九月九日被正式定为重阳节，历朝历代沿袭至今。

学一学

古代先人通常把单数定为阳，双数定为阴。九为阳数，与“久”同音，九在数字中又是最大数，有长久长寿的含义，所以九月九日被称为重阳节，又称为老人节。

秋季气燥风凉，人们非常容易感受燥邪，损伤肺阴，所以喜欢养生的人一般都懂得秋季养肺。在秋高气爽的日子里，登高望远可谓是一件很好的养生健体之法。登山可以增加肺活量，使人们排出肺部的浊气，加上山中的空气极为新鲜，可以让人们呼吸更多的氧气，这对肺的保护是一种很好的办法。同时，登山还能提高人体的身体素质，锻炼人们的体能。山上风景优美，山顶豁然开朗，这对人们的身心健康是有帮助的。

菊花酒具有疏风除热、养肝明目的功效。重阳节所讲的茱萸，指的是中药吴茱萸。吴茱萸具有祛邪杀虫、逐寒祛风的功效。可见，在重阳节的时候饮菊花酒、佩戴茱萸对于防治疾病是有益的。

想一想

1. 菊花酒、吴茱萸有哪些功效?
2. 秋季登高有什么好处?

身边的中草药

菊花

菊植物

菊花药材

【药材来源】本品为菊科植物菊的干燥头状花序。药材按产地和加工方法不同，分为“亳菊”“滁菊”“贡菊”“杭菊”。

【功能主治】疏风清热，平肝明目。用于风热感冒、头痛眩晕、目赤肿痛、头目昏花。

第 4 课　冬至御寒

读一读

张仲景告老还乡的时候，正好是冬天。一路上，寒风凛冽，雪花纷飞。就在这冰天雪地里，许多穷苦百姓却衣不遮体，耳朵都冻烂了。看到这些情景，张仲景心里十分难受。

回到故里，张仲景一直忘不掉那些被冻烂耳朵的穷苦百姓。经过反复推敲，他终于研制出了一个可以御寒的食疗方子，叫祛寒娇耳汤。

张仲景吩咐徒弟，在穷苦百姓聚集的地方搭起大棚，支上几口大锅。把羊肉和一些祛寒的中药放在锅里煮，羊肉熟了以后捞出来切碎剁馅，留下的汤备用。把和好的面擀成面皮，再用面皮包起羊肉馅，包成耳朵的样子（张仲景称它为娇耳，经过历代发展演变，现在已经成为民间吃食——饺子），下锅煮熟。最后，把煮熟的娇耳倒入羊汤里，这就是祛寒娇耳汤。

穷苦的百姓喝了羊汤、吃了娇耳，浑身暖融融的，再也没有人冻烂耳朵了。

由于张仲景为百姓制做祛寒娇耳汤的第一天正好是冬至，后来人们就把在冬至这天吃饺子的习俗流传了下来。

学一学

冬至，既是二十四节气中的一个重要节气，又是中华民族共同的传统节日。

冬至时节，羊汤、羊肉馅的饺子都是很好的冬令御寒食品。

“头脑”也是一种可以御寒的美食。每年冬季，太原市各清真饭店大都有“头脑”上市，清醇而可口，百姓争抢食用，乐此不疲。传说“头脑”是由山西名医傅山发明的，主要材料由黄芪、良姜、羊肉、酒糟、煨面（炒过的面粉）、莲藕、长山药和腌韭菜等组成，冬季食用，有防寒保暖、滋补虚损的功效。

傅山（1607 — 1684 年），明清之际道家、思想家、书法家、医学家。初名鼎臣，字青竹，改字青主，又有浊翁、观化等别名。汉族，山西太原人。傅山著有《傅青主女科》《傅青主男科》等传世之作。

想一想

1. 冬至吃饺子的习俗是怎么来的？
2. 傅山有哪些著名的医学著作？

身边的中草药

升麻

升麻植物

升麻药材

【药材来源】本品为毛茛科植物大三叶升麻、兴安升麻或升麻的干燥根茎。

【功能主治】发表透疹，清热解毒，升举阳气。用于风热头痛、齿痛、口疮、咽喉肿痛、麻疹不透、阳毒发斑、脱肛、子宫脱垂。

第5课　腊八喝粥

读一读

朱元璋小时候家里很穷，于是，父母便把他送到一个财主家去放牛。这个财主经常虐待朱元璋，朱元璋不仅吃不饱饭，还常常挨打。有一天，

朱元璋放牛经过一座独木桥，没想到老牛脚下一滑竟跌下桥去，将腿跌断了。老财主气急败坏，便把朱元璋关进一间屋子里不给饭吃。一天过去了，朱元璋什么也没有吃，饿得肚子咕咕叫。突然，朱元璋发现屋中有一鼠洞，便扒开鼠洞看，没想到这是老鼠的一个粮仓，里面有米、红枣，还有各种豆子，但都是那么一点点。朱元璋把这些东西合并在一起，煮了一锅粥，因为饿极了，所以吃起来十分香甜可口。

后来，朱元璋当了皇帝，珍肴美味吃腻了。有一天，他忽然想起小时候吃老鼠洞中挖出的粮豆煮的粥，便叫御厨给他做了一餐各种粮豆混在一起熬的甜粥。吃的这一天正是腊月初八，因此就叫腊八粥。

满朝文武官员们见皇帝吃腊八粥，便纷纷效仿，渐渐传到民间，便成了风俗。

学一学

腊八粥以八方食物合在一块，和米共煮一锅，有合聚万物、调和千灵之意。

粥，在中医理论里有保胃气、存津液的作用。腊八粥不仅是时令美食，更是养生佳品，尤其适合在寒冷的天气里保养脾胃。在寒冷的冬季饮用腊八粥，除了有祛除寒气的直接作用外，还可在腊八粥里添加一些健脾养血、益气固表的药物，以增强身体抵抗力。

对于消渴（糖尿病）病人来说，熬制和食用腊八粥的时候要注意以下几点：首先，用料最好选燕麦、荞麦、薏苡仁、黑米、红小豆、绿豆、芸豆等，千万不要加桂圆、红枣，甚至糖；其次，熬制的时间不宜太长；最后，不宜早上喝腊八粥，可以中午或晚上喝，而且要控制好量。

想一想

1. 腊八粥是由 8 种食物熬制的吗？
2. 消渴（糖尿病）病人熬制和食用腊八粥要注意什么？

身边的中草药

知母

知母植物

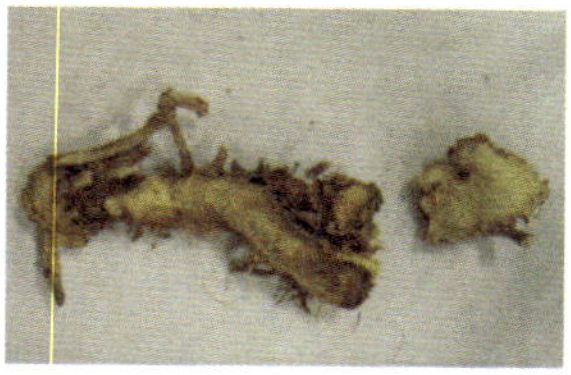

知母药材

【药材来源】本品为百合科植物知母的干燥根茎。

【功能主治】清热泻火，生津润燥。用于外感热病、高热烦渴、肺热燥咳、骨蒸潮热、内热消渴、肠燥便秘。

第6课 春节有度

读一读

很久很久以前，有个怪兽的名字叫“年”。

年兽的头上长着角，非常凶猛。平时，年兽躲在海底，只有在每年的腊月三十晚上才会爬出来，到处吃人、吃牲口、掠夺财物。凡是年去过的村庄都民不聊生，惨不忍睹。人们虽然用各种办法来防御年，但是都行不通。年不仅个子大，力气也大，又眼观六路耳听八方，根本没有办法制服他。

直到有一天，年到了一个村里，看到村里面挂着红灯笼，亮着灯，还咚咚地敲鼓，吓得掉头就跑了。原来，年最怕红色、响声和火光。

人们为了纪念把年赶跑的这一天，便把这天叫作过年。过年的前一天称为除夕，除夕也就是辞旧迎新、一元复始的节日。

从那以后，人们知道了赶走年的好办法。除夕之夜，家家户户贴对联、贴窗花、贴福字、挂红灯、放爆竹等。

学一学

春节是中华民族最隆重的传统佳节，是欢乐祥和、亲朋欢聚的节日。劳作了一年的人们，终于可以在春节期间放松自己，享受生活乐趣，和家人们一起吃个团圆饭了。春节期间，人们吃年夜饭、吃饺子、吃年糕、吃山珍海味、看春节晚会、玩游戏、走亲访友，在享受假日快乐的同时，许多人忘记了平时对自己的约束，由于熬夜、暴饮暴食等，节后出现精神不振，学习工作效率低，甚至恶心、眩晕、肠道反应、厌食、神经衰弱等节后综合征。为此，春节期间我们必须做到以下几点：

1. 起居有常：不睡懒觉，坚持晨练，不迷恋游戏、电视、手机。春节假日的确要放松，但是，随心所欲、毫无规律的起居作息非但无益，反而会对健康造成损害。

2. 饮食有节：过节期间，暴饮暴食、贪嘴贪杯，或三餐并作两顿，炒货零食不离手，这常常导致胸腹胀满、胃脘疼痛、恶食呕吐、怕冷发热、大便泄泻或大便干结、口舌生疮、牙龈肿痛等病证。因此，在节日期间要注意合理饮食。

想一想

1. 春节期间哪些行为影响健康？
2. 春节期间怎样做才能起居有常、饮食有节？

身边的中草药

远志

远志植物

远志药材

【药材来源】本品为远志科植物远志或卵叶远志的干燥根。

【功能主治】安神益智，祛痰消肿。用于心肾不交引起的失眠多梦、健忘惊悸、神志恍惚、咳痰不爽、疮疡肿毒、乳房肿痛。

图书在版编目（CIP）数据

中医药与健康普及读物 / 《中医药与健康普及读物》编写组编著. —太原：山西科学技术出版社，2021.1（2024.3重印）

ISBN 978-7-5377-6092-8

Ⅰ. ①中… Ⅱ. ①中… Ⅲ. ①中国医药学—小学—课外读物 Ⅳ. ①G624.93

中国版本图书馆CIP数据核字（2020）第094124号

《中医药与健康普及读物》编写组名单

主　　编　刘　星
顾　　问　吕景山（国医大师）　王世民（国医大师）
执行主编　邹广文　李俊平
副 主 编　姚存荣
编　　委　石明海　李淑文　张玲红　孔国防
编　　者　（按姓氏笔画排序）
王晓昌　甘春艳　吉立海　张　南　张栋栋　李　娜
杨洁琼　陈　荣　侯小娟　侯永平　赵健健　郭海云
郭海斌　崔　堃　焦文波　翟荣荣
策　　划　赵建伟　张延河　郝志岗
绘　　图　杜　靖

中医药与健康普及读物

ZHONGYIYAO YU JIANKANG PUJI DUWU

出 版 人　阎文凯
编　　著　《中医药与健康普及读物》编写组
策　　划　赵建伟　张延河　郝志岗
责任编辑　张延河
版面设计　杨宇光
封面设计　杨宇光

出版发行　山西出版传媒集团·山西科学技术出版社
地址：太原市建设南路21号　邮编：030012
编辑部电话　0351-4922135　4922072
发行部电话　0351-4922121
经　　销　各地新华书店
印　　刷　河北环京美印刷有限公司

开　　本　787毫米×1092毫米　1/16
印　　张　5
字　　数　62千字
版　　次　2021年1月第1版
印　　次　2024年3月河北第6次印刷

书　　号　ISBN 978-7-5377-6092-8
定　　价　28.00元

本社常年法律顾问：王葆科